BEI GRIN MACHT SICH IHR
WISSEN BEZAHLT

- Wir veröffentlichen Ihre Hausarbeit,
  Bachelor- und Masterarbeit

- Ihr eigenes eBook und Buch -
  weltweit in allen wichtigen Shops

- Verdienen Sie an jedem Verkauf

Jetzt bei www.GRIN.com hochladen
und kostenlos publizieren

Marktbeschreibung und -analyse eines Damenfitnessstudios

Eine Marketingplanung

Isabella Jülch

Bibliografische Information der Deutschen Nationalbibliothek:

Die Deutsche Nationalbibliothek verzeichnet diese Publikation in der Deutschen Nationalbibliografie; detaillierte bibliografische Daten sind im Internet über http://dnb.d-nb.de abrufbar.

ISBN: 9783346328359
Dieses Buch ist auch als E-Book erhältlich.

Deutsche Hochschule für
Prävention und Gesundheitsmanagement

Hausarbeit (kollektive Prüfungsleistung)

Name, Vorname	Jülch, Isabella
Modul	Marketing 1

* abhängig von Aufgabenstellung: jeweils den zu bearbeitenden „Unternehmenstyp" eintragen

Inhaltsverzeichnis

1 Marktbeschreibung / -analyse

1.1 Allgemeine Informationen über den Unternehmenstyp

Tab. 1: Beschreibung der Hauptzielgruppe (eigene Darstellung)

Hauptzielgruppe:	Junge Mütter
Alter:	25-45
Familienstand:	Alleinerziehend oder verheiratet
Charakter:	Gepflegt, gebildet, legt Wert auf ihr Äußeres
Leben:	Haushalt, wenig Zeit für sich selbst und soziale Kontakte, Kinder stehen im Fokus, geringe sportliche Erfahrung, mittleres Geldbudget
Wunsch:	Wieder etwas für sich und seine Figur tuen, Erholung / Abwechslung zum Mutterdasein, den stressigen Alltag vergessen
Orte:	Spielplätze, kinderfreundliche bzw. familienfreundliche Freizeitaktivitäten

Um sich in der besagten Zielgruppe zu positionieren, ist es wichtig, den Müttern die Sicherheit zu geben, dass die Kinder während ihrer Trainingszeit gut untergekommen sind. Zu diesem Zwecke bietet das Damenfitness-Studio Ladyfit seinen Mitgliedern eine kostenlose Kinderbetreuung an. Damit bekommt das Fitness-Studio für die Frauen einen besonderen Wert und es hebt sich gleichzeitig von der breiten Masse ab, da eine Kinderbetreuung nur die wenigsten Studion anbieten. Das weitere Leistungsprogramm des Unternehmens richtet sich vollends nach den Wünschen der Mütter aus. Der Wunsch der Traumfigur steht dabei im Fokus. So bietet das Unternehmen eine Traininsfläche mit einem Kraftzirkel an, um Muskulatur aufzubauen, das Bindegewebe zu straffen und die Problemzonen der Frau zu beseitigen. Der Kraftzirkel wird einfach gehalten und ist leicht zu bedienen, damit die Mütter beim Sport neben ihrem ohnehin schon stressigen Alltag nicht noch zusätzlichen Stress auferlegt bekommen. Um die Sorgen und Probleme zu vergessen und einfach mal mit Gleichgesinnten Spaß zu haben, bietet das Fitnessstudio einen Kursbereich mit Kursen wie Yoga, Zumba, Step-Aerobic und Bauch-Beine-Po an. Auf Wellness-Angebote wie zum Beispiel Sauna wird bewusst verzichtet, da die Frauen ihre Kinder nicht länger wie unbedingt nötig alleine lassen sollen.

Tab. 2: Produkt-, Preis- und Distributionspolitik (eigene Darstellung)

Produktpolitik	Kinderbetreuung: Zusatznutzen
	Trainingsfläche: Milon-Kraftzirkel – einfach, übersichtlich, effektiv
	Kurse:
	Yoga – Erholung, Entspannung, Selbstbesinnung
	Zumba / Step-Aerobic – Spaß, Abnehmen
	Bauch-Beine-Po – Bekämpfung der Problemzonen
Preispolitik	45 €/Monat – mittleres Preissegment: die durchschnittliche Frau wird angeprochen (gebildet, gepflegt, legt Wert auf ihr Äußeres)
Distributionspolitik	Dienstleistung wird direkt vertrieben – direkter Absatz
	Standortentscheidung hat besondere Relevanz – familienfreundlich,durchschnittliches Einkommen, schnell zu erreichen
	Kapazitätsplanung – passende Räumlichkeit, insbesondere für die Kinderbetreuung

1.2 Lage und Standort des Unternehmens

Der exakte Standort des Fitness-Studios Ladyfit lautet: Münchner Straße 14, 81379 München, Bayern, Deutschland. Dabei handelt es sich um eine kleine, überschaubare Straße, in der sich ebenfalls eine städtische Kindertagesstätte und in der angrenzenden Straße eine Jugendherberge befindet. Gegenüber des Studios befidnet sich ein großer, kostenloser Parkplatz, den sich das Fitness-Studio gemeinsam mit der Kindertagesstätte teilt. Nur einige hundert Meter entfernt sind ein Tierpark, ein Kletter- und Boulderzentrum, sowie eine Edeka- und eine Netto-Filiale, eine Raiffeisenbank, eine Stadtsparkasse und zahlreiche Restaurants sowie ein Café vorzufinden. 500 Meter vom Studio entfernt befindet sich eine U-Bahn Haltestelle (Thalkrichen Tierpark). Die Münchner Straße befindet sich im Stadtbezirk Thalkirchen-Obersendling-Forstenried-Fürstenried-Solln, dem 19. Stadtbezirk der Landeshauptstadt München und liegt damit im südlichen Teil von München. Es handelt sich um ein grünflächenreiches Gebiet, das durch den Mühlbach und den Fluss Isar im Sommer zum beliebten Ausflugsziel für Familien wird. Auf der einen Seite lädt das ruhige, naturnahe Thalkrichen zum Entspannen ein, auf der anderen Seite bietet es Badespaß und spannende Floßfahrten. Der beschriebene Standort ist somit optimal für das Damenfitness-Studio. Es handelt sich um ein kinder- und familienfreundliches Gebiet. Somit leben dort auch viele Mütter mit Kindern. Trotz der Nähe zur Natur bietet der Standort zahlreiche Möglichkeiten, um Beschäftigungen zu erledigen. So kann die Frau ihr Training nutzen, um danach in einem der zwei nahgelegenen Supermärkten einkaufen zu gehen oder Geld abzuheben. Gleichzeitig bieten die etlichen Restaurants und Freizeitmöglichkeiten den Müttern die Möglichkeit, das Training mit einem Familienausflug zu verbinden oder den Kindern einen Tag mit ihren Vätern zu gönnen.

1.3 Bestimmung von zwei Marktgebieten

Anmerkung der Redaktion: Abbildung 1 wurde aus urheberrechtlichen Gründen entfernt.

Abb. 1: Marktgebiete (eigene Darstellung

Rosa: Mrs. Sporty München-Sendling, Thalkirchner Straße 131

Orange: Fitseveneleven Blacklevel München-Solln, Wilhelm-Busch-Straße 15

1.4 Makroumfeldanalyse und Abschätzung des Marktpotenzials

Tab. 3: Münchner Kaufkraft (Lichtner, 2016, S. 19) und Arbeitslosenquote (Bundesagentur für Arbeit, 2017)

Kaufkraft	Pro Einwohner in €	Kaufkraftindex (Index je Einwohner; 100 = Landesdurchschnitt
	30.136	135,5
Arbeitslosigkeit	Arbeitslose insgesamt	Arbeitslosenquote
	42.229	4,2

5

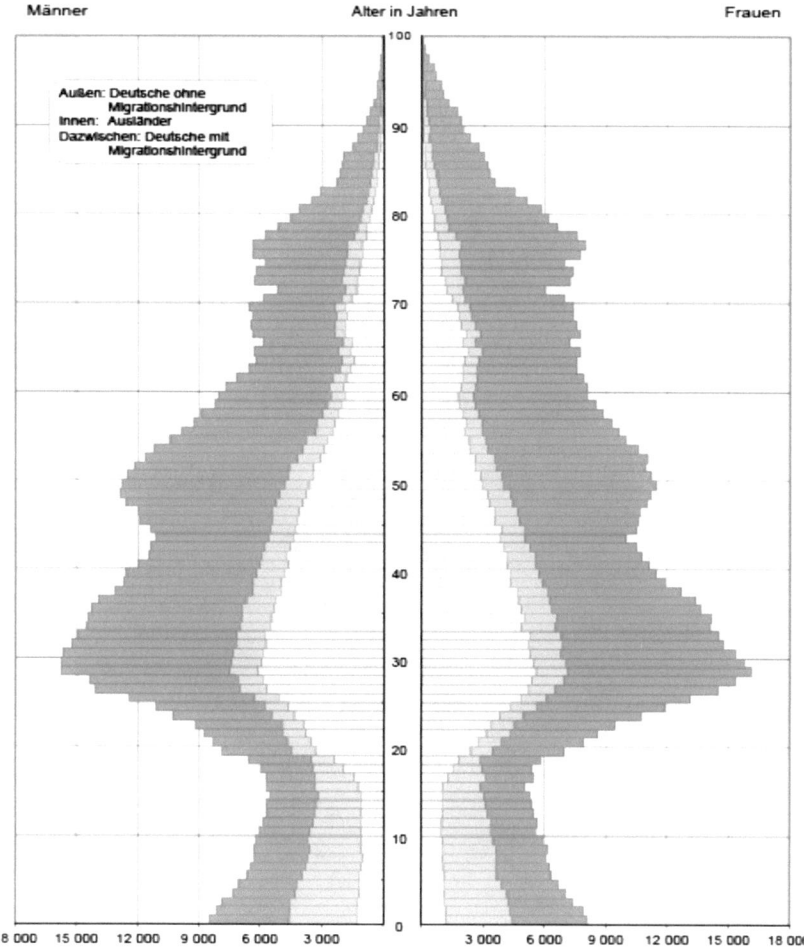

Abb. 2: Die Altersverteilung der Münchner Bevölkerung am 31.12.2016 (Statistisches Amt München, 2017a)

Tab. 4: Einwohnerzahlen in Marktgebiet 1 und 2 (eigene Darstellung; modifiziert nach Statistisches Amt München (2017b))

Marktgebiet 1 (0-6 min)	Name (Stadtbezirk)	Einwohnerzahl
	Thalkrichen-Obersendling-Forstenried-Fürstenried-Solln (3/5)	96.199 (57.719)
	Sendling	41.230
	Sendling-Westpark	59.175
	Untergiesing–Halarching (3/5)	(54.050) 32.430
	Ludwigsvorstadt-Isavorstadt (1/4)	(54.915) 13.729
Ergebnis		**204.283**
Marktgebiet 2 (7-12 min)		
	Untergiesing – Halarching (2/5)	(54.050) 21.620
	Ludwigvorstadt-Isarvorstadt (3/4)	(54.915) 41.186
	Thalkrichen-Obersendling-Forstenried-Fürstenried-Solln (2/5)	(96.199) 38.480
	Obergiesing-Fasangarten	54.784
	Gemeinde Neuried	
	Hadern	50.567
	Maxvorstadt	53.443
	Au-Haidhausen	61.999
	Neuhausen-Nymphenburg (2/3)	99.538
	Altstadt-Lehel	21.454
	Gemeinde Oberhaching (1/4)	
	Gemeinde Unterhaching (1/2)	
	Laim	56.335
	Gemeinde Pullach im Isartal	
	Gemeinde Grünwald (1/7)	
	Bogenhausen (1/6)	87.164
	Ramersdof-Perlach (1/2)	(113.898) 56.949
	Schwanthalerhöhe	30.282
	Schwabing (Schwabing-Ost, Kleinesselohe)	8.536+181=8.717
	Schwabing-West (2/3)	(69.407) 46.273
Ergebnis		**728.792**

Marktpotenzial: Marktgebiet 1: 204.283 + Marktgebiet 2: 728.792 × 0,7 = 510.154

→ Marktpotenzial: 714.437 × 0,12 = 85.732

7

1.5 Wettbewerbsanalyse

Mrs. Sporty wirbt mit einem Zirkeltraining in kleinen Gruppen. 2-3 Einheiten pro Woche reichen laut Mrs. Sporty aus, um Kraft, Ausdauer und Koordination zu trainieren. Während des Trainings wird man von einem persönlichen Trainer unterstützt. Zusätzlich bietet der Fitnessclub ein eigenes Ernährungskonzept, um den Frauen zu ihrer Wunschfigur zu verhelfen. Mit dieser Produktpolitik positioniert sich das Unternehmen bei Frauen mittleren und höheren Alters. Es spricht die typischen Wünsche und Probleme der Frau an: Abnehmen, Straffung und Rückentraining. Das simple Konzept des Zirkeltrainings spricht die ältere Generation (über 50 Jahren), aber auch Frauen mittleren Alters an, besonders die typische Hausfrau, die neben ihrem stressigen Alltag mit Familie und Haushalt beim Training einfach mal entspannen und abschalten möchte. Fitseveneleven wirbt dagegen mit einem vielfältigen, individuellen Training unter Gleichgesinnten. Das Unternehmen bietet eine große Trainingsfläche mit zahlreichen Krafttrainingsgeräten, einen großen Freihantelbereich, eine sogenannte Full-Function-Area und ein vielseitiges Kursangebot (Zumba, Bauch-Beine-Po, Hot Iron, Pilates, Bauch-Rücken etc.). Zusätzlich hat man die Möglichkeit, Personal Trainings zu buchen. Damit positioniert sich das Unternehmen bei Männern und Frauen jüngeren und mittleren Alters. Die jüngere Generation (18-25) wird besonders von der Angebotsbreite angesprochen. Die mittlere Generation (26-45) wird durch die qualifizierte Betreuung wie beispielsweise das Personal Training angesprochen, aber auch durch das Kursangebot und je nach Trainingslevel durch die vielseitige Trainingsfläche. Im Gegensatz zu Mrs. Sporty positioniert sich das Fitseveneleven nicht nur bei Trainingsanfängern sondern auch bei Profis, die sich im Freihantelbereich und in der Full-Function-Area austoben können.

Tab. 5: Stärken und Schwächen der Unternehmen (eigene Darstellung)

Mrs. Sporty	Fitseveneleven	Ladyfit
Dauerhafte Betreuung im Zirkel - Stärke	Betreuung lediglich beim Personal- Training und in den Kursen - Schwäche	Dauerhafte Betreuung im Zirkel und in den Kursen - Stärke
Spaß und Kommunikation stehen im Vordergrund, jeder kennt jeden - Stärke	Anonymes Training, wenig Spaß - Schwäche	Spaß und Kommunikation stehen im Vordergrund, jeder kennt jeden - Stärke
Trainingseinsteiger und nicht besonders leistungsorientierte Personen werden angesprochen, nach einem bestimmten Trainingslevel Stagnation - Schwäche	Anfänger und Profis werden angesprochen (breite Zielgruppe) - Stärke	Trainingseinsteiger und nicht besonders leistungsorientierte Personen werden angesprochen, siehe Mrs. Sporty - Schwäche
Schmales Angebot - Schwäche	Angebotsvielfalt - Stärke	Erweitertes Angebot im Vergleich zu Mrs. Sporty: zusätzliches Kursangebot und Kinderbetreuung - Stärke zu Mrs. Sporty, Schwäche und Stärke zu Fitseveneleven, da stärker auf Zielgruppe ausgerichtet

1.6 Beurteilung der Marktanalyse

Das Marktgebiet ist sehr attraktiv für das Unternehmen, da es sich um familienfreundliches und damit ein zielgruppenentsprechendes Gebiet Münchens handelt. Auch die Altersverteilung in München entspricht dem Zielgruppenalter des Unternehmens: die meisten Menschen in München sind zwischen 25 und 35 Jahre alt. Der Kaufkraftindex Münchens liegt mit 135,5 deutlich über dem Landesdurchschnitt, womit ein monatlicher Beitrag von 45 € für die breite Masse an Müttern keinen großen finaziells Aufwand darstellen sollte. Damit stellt auch die Münchner Arbeitslosenquote von 4,2, die im Gegensatz zum restlichen Teil von Bayern im überdurchschnittlichen Bereich liegt, kein Problem dar. Das Marktgebiet hat ein Marktpotenzial von 85.732, wodurch das Ziel von 400 Neumitgliedern nach dem ersten Geschäftsjahr durchaus realistisch ist. Zumal die angesprochene Zielgruppe der jungen Müttern aufgrund der familienreichen Angebote im Marktgebiet nicht schwer zu finden und damit anzusprechen sein sollte.

2 Marketingplanung

2.1 Budgetplanung

Marketingkosten: 50 €/Neukunde, geplante Mitgliederzahl nach 1 Jahr: 400 Mitglieder

→ Jahresmarketingbudget: 400 × 50 € = 20.000 €

2.2 Kommunikationspolitik

Neben dem Kommunikationsinstrument Werbung werden die Instrumente Verkaufsförderung und Social-Media-Marketing vom Unternehmen eingesetzt. Im Zuge der verbrauchergerichteten Verkaufsförderung wird vom Unternehmen eine Gewinnspielaktion geplant. Dieses Instrument wird genutzt, um Kontakte zu generieren. Gleichzeitig macht sich das Unternehmen in seinem Einzugsgebiet bekannt. Das Social-Media-Marketing dient hauptsächlich zur Bekanntmachung des Unternehmens und zur Kommunikation mit der Zielgruppe. Die meisten jungen Frauen sind selbst auf den sozialen Netwerken aktiv oder werden spätestens durch ihre Kinder damit vertraut gemacht.

Tab. 6: Konzept der Vermarktungskampagne (eigene Darstellung)

Primäres Ziel	Gewinnung vieler Neumitglieder (60 innerhalb der ersten 2 Monate)
Ziel: Werbung	-Aufbau eines Unternehmensimages, Bekanntmachung des Unternehmens und seiner Dienstleistungen, Beeinflussung des Kaufverhaltens der Zielgruppe
Verkaufsförderung	-Gewinnug von Kontakten, Bekanntmachung des Unternehmens
Social-Media-Marketing	-Aufbau eines Unternehmensimages, Bekanntmachung des Unternehmens
Botschaft	Mutter-Kind-gerechtes Studio (Unternehmensimage): Mütter können sich mal Zeit für sich selbst und ihre Figur nehmen, während ihre Kinder gleichzeitig Spaß haben!
Inhalt	Jedes Neumitglied kann innnerhalb der ersten vier Wochen jederzeit kündigen, wenn sich das Kind in der Kinderbetreuung nicht wohl fühlt. – Den Frauen soll vermittelt werden, dass sie die Möglichkeit haben, sich gleichzeitig um sich und das Kind zu kümmern und nicht mehr zu Gunsten des Kindes sich selbst vernachlässigen müssen (klassische Werbung und Social-Media-Marketing) Die Gewinnspielaktion hat den Hintergrund, potenzielle Neukunden auf sich aufmerksam zu machen, indem diese 4-Wochen-Gratistraining gewinnen können (Stand an einem Spielplatz)
Erfolgkontrolle	Auswerten der neugeschriebenen Mitgliedschaften (nach 2 Monaten sollten 60 Neumitglieder gewonnen sein, unabhängig davon, wie viele innerhalb der ersten vier Wochen gekündigt haben)

Tab. 7: Zeitlicher Organisationsaufbau (eigene Darstellung)

Vorgang	Dauer	Anfang (Tag)	Ende (Tag)
Gestaltung der klassischen + Social-Media-Werbung	7 Tage	1	7
Schaltung der klassischen + Social-Media-Werbung	30	8	36
Aufbau Gewinnspielstand	1	10	10
Durchführung der Gewinnspielaktion	2	11	12
Abbau Gewinnspielstand	1	13	13

2.3 Werbeplanung

Für die Kampagne sind folgende drei Werbemittel vorgesehen: eine Anzeige in einer Frauenzeitschrift, eine Anzeigenschaltung in einem sozialen Netzwerk und Plakate an Großflächen. Die Anzeige wird in der Frauenzeitschrift *Brigitte Balance – Das Beste für Körper und Seele* geschaltet. Hierbei handelt es sich um ein Magazin der Brigitte-Verlagsgruppe. Das Magazin erscheint vierteljährlich deutschlandweit und beschäftigt sich mit den Themen Fitness, Ernährung und Medizin. Das Kriterium Reichweite bzw. Einzugsgebiet ist somit erfüllt, wobei jedoch die Streuverluste aufgrund der hohen Reichweite zu berücksichtigen sind. Das Magazin spricht mit seinen Themen junge figurebewusste Frauen, womit auch das Kriterium der Affinität zur Zielgruppe hinreichend berücksichtigt ist. Das Kosten-Nutzen-Verhältnis ist akzeptabel, da das Magazin nur vierteljährlich erscheint und somit eine relativ lange Verweildauer aufweist und das nicht nur in Haushalten, sondern beispielsweise auch in Warteräumen von Arztpraxen. Damit ist auch die Wirtschaftlich des Werbeträgers erfüllt. Die Anzeigenschaltung im Internet erfolgt in dem sozialen Netzwerk Facebook, das mittlerweile über ca. 1,8 Milliarden aktive Nutzer aufweist, womit das Kriterium der Zielgruppe abgedeckt ist. Facebook fungiert weltweit, wodurch das Kriterium der Reichweite mehr als erfüllt ist. Auch die Wirtschaftlichkeit ist abgedeckt, da die starke Nutzerrate von Facebook die relativ hohen Anzeigenkosten wieder ausgleicht. Das dritte Werbemittel stellen die Plakate an Großflächen dar. Diese werden bevorzugt da angebracht, wo Mutter täglich vorbeifahren- oder laufen müssen, wie zum Beispiel in der Nähe von Kindergärten, Supermärkten oder Spielplätzen, wodurch das Einzugsgebiet der Zielgruppe entsprechend abgedeckt wird. Die Plakate müssen dementsprechend gestaltet sein, dass die Zielgruppe der jungen Mütter angesprochen wird. Wenn dies gewährleistet ist, ist auch die Frage nach dem Kosten-Nutzen-Verhältnis positiv zu verzeichnen.

2.4 Kostenkalkulation / Budgetvergleich bei der Werbeplanung

Tab. 8: Kostenkalkulation (eigene Darstellung)

Werbemaßnahmen	Kosten
klassischen Werbung (Plakatgestaltung)	99 €
Plakatdruck	38 € pro Plakat, 10 Stück für 380 €
Miete der Werbeflächen	3,50 €/Tag pro Plakat → 1.050 € für 30 Tage und 10 Plakate
Gestaltung der Printanzeige	99 €
Anzeigekosten in der Frauenzeitschrift *Brigitte Balance*	8,50 €/mm → 10 mm^2 entsprechen 850 €
Gestaltung / Schaltung der Social-Media-Werbung	1.200 €/Monat
Gewinnspielaktion:	
Glücksrad	129,99 €
Süßigkeiten	85 €
Gestaltung / Druck der 4-Wochen-Gutscheine	199 €
Entlohnung der Mitarbeiter	2 Mitarbeiter für 20h → 600 €
	4.592,99 €

Die Kosten für die Werbeaktionen laufen auf ca. 4.600 € hinaus, was leicht über der Planzahl von 20 % des Jahresmarketingbudgets (4.000 €) liegt. Dies bedeutet, dass das Unternehmen sein Budget nicht einhält, was dazu führen kann, dass dieses Geld dann an anderen Stellen fehlt. Außerdem sollte immer ein kleiner Puffer mit einberechnet werden, falls unerwartete Kosten anfallen. Eine Optimierungsmöglichkeit wäre das Weglassen der Zeitschriftenanzeige, da die Anzeigenkosten verhältnismäßig hoch sind und der Bereich der klassischen Werbung bereits durch die Plakatwerbung angedeckt wird, was die Frage nach dem Kosten-Nutzen-Verhältnis der Anzeigenwerbung aufkommen lässt. Eine weitere Optmierungsmöglichkeit wäre das Verkürzen der Glücksradaktion auf einen Tag, wodurch die anfallenden Lohnkosten der Mitarbeiter wesentlich geringer ausfallen würden. Hierbei ist die Frage, ob der Nutzen des zusätzlichen zweiten Tages überhaupt die Kosten überwiegen kann und ob nicht ein Tag effektiver ist, denn erst die Knappheit der Aktion macht diese so attraktiv.

2.5 Synergieeffekte im Rahmen der Kommunikationspolitik

Durch die verschiedenen Unternehmenstypen werden viele unerschiedliche Zielgruppen angesprochen, wodurch die Unternehmensgruppe eine dominante Position auf dem Fitnessmarkt einnimmt. Dies ist z. B. dann hilfreich, wenn es um das Verhandeln günstigerer Lieferkosten oder Marketingkosten einer Werbeagentur geht. Es hat auch Vorteile, wenn es um die Gewinnung neuer Arbeitskräfte geht. Die Mitarbeiter haben viele Entfaltungsmöglichkeiten und je nach Charakter der Person kann entschieden werden, zu welchem Uneternehmenstyp diese passt bzw. wo sie sich wohler fühlt. Ein weiterer Synergieeffekt würde sich ergeben, wenn die Unternehmensgruppe sogenannte Kombikarten anbietet, mit denen die Mitglieder in mehreren Studios trainieren dürften. Dies verhindert das Auftreten von Langeweile durch Eintönigkeit, was zu einer Erhöhung der Verlängerungsrate führt. Vorteilhaft an vielen Studios ist auch, dass die Menschen schneller auf die Unternehmensgruppe aufmerksam werden. Mit geringeren Werbekosten kann somit ein höherer Effekt bzw. Bekanntheitsgrad erzielt werden. Die Vorteile lassen sich somit als Nutzung gemeinsamer Ressourcen zusammenfassen, was zeigt, dass sich viele unternehmenstypübergreifende Synergieeffekte erzielen lassen können.

3   Abschlussstatement

München ist eine sehr attraktive Stadt für die Unternehmensgruppe, da dort die unerschiedlichsten Bevölkerungsschichten leben. München als Hauptstadt Bayerns und als Metropolregion ist die drittgrößte Stadt Deutschlands, in der über 1,5 Millionen Menschen leben. Die Stadt wächst stetig, jedoch ist nicht genügend Wohnraum vorhanden, was ein Risiko für die Unternehmensgruppe birgt, denn wenn die Kapazität an Wohnraum im jeweiligen Marktgebiet ausgeschöpft ist, wird es für die Unternehmenstypen auf lange Sicht schwieriger, zu expandieren. Die Stadtbezirke Münchens mit seinen Einwohnern sind so unterschiedlich wie die einzelnen Unternehmenstypen selbst. Dadurch hat die Unternehmensgruppe die Chance, mit ihren verschiedenen Unternehmenstypen alle Bevölkerungsschichten Münchens abzudecken. Dies birgt aber auch gleichzeitig das Risiko, Standortfehler zu begehen und damit nicht die entsprechende Zielgruppe erreichen zu können. Einer der größten Erfolgswahrscheinlichkeiten weist demnach das Gesundheitsstudio auf, da es zielgruppenentsprechend positioniert ist. So sind 18,2 % aller Einwohner Moosachs 65 oder älter und in direkter Nachbarschaft des Studios befindet sich ein

Medizinisches Versorgungszentrum. Darüber hinaus liegt das Gesundheitsstudio auf einer Hauptverkehrsstraße und ist sowohl mit dem Auto als auch mit öffentlichen Verkehrsmitteln schnell zu erreichen. Danach folgen im Rang der Erfolgswahrscheinlichkeit das Diskount-Studio und das Frauenstudio. Das Discount-Studio liegt im Stadtgebiet Trudering-Riem und spricht Studenten, Auszubildende und Alleinstehende ab, die nicht viel Geld für ihren bewussten Lebensstil zur Verfügung haben, an. Trudering-Riem ist ein Stadtgebiet mit vermehrt jüngeren Menschen, vielen Migranten, einer im Gegensatz zu anderen Stadtteilen Münchens hohen Arbeitslosenquote und geringer Kaufkraft. In Studionähe befindet sich ein Kulturzentrum und ein Sportverein. Außerdem liegt das Studio nahe einer Hauptverkehrsstraße und befindet sich damit auf dem Arbeitsweg vieler potenzieller Kunden. Mit seinen qualitativen, aber dennoch niedrigpreisigen Angeboten, wie z. B. Studententarife, und seinen kurzen Laufzeiten bietet das Studio einige Vorteile ggnüber seiner Konkurrenz und hat demnach eine hohe Erfolgswahrscheinlichkeit. Das Frauenstudio liegt im Stadtbezirk Thalkirchen-Obersendling-Forstenried-Fürstenried-Solln, einem familienfreundlichem und überdurchschnittlich kaufkraftstarkem Gebiet. Das Studio spricht mit seiner Kinderbetreuung zielgenau die Hauptzielgruppe der jungen Mütter an und bietet damit einen erfolgsversprechenden Vorteil gegenüber seinen Konkurrenten. Das letzte der vier Unternehmenstypen ist das Fitnessstudio im Premiumsegment, das in Maxvorstadt liegt, einem exklusiven Teils Münchens mit einem hohen Pro-Kopf-Einkommen und einer hohen Kaufkraft. In Maxvorstadt befinden sich drei Hochschulen, wodurch die Hauptzielgruppe des Unternehmenstyps, Akademiker und wohlhabende Studenten, gezielt angesprochen werden kann. Das Fitnessstudio ist mit zwei Busbahnhöfen und dem nahgelegenen Münchener Hauptbahnhof sehr gut vernetzt. Somit ist auch bei diesem Unternehmenstyp der Standort gut gewählt. Das Studio hat jedoch mit Prime Time fitness und Leo's Sports Club GmbH zwei starke Konkurrenten, was die Erfolgswahrscheinlichkeit einschränkt.

4 Literaturverzeichnis

Bundesagentur für Arbeit (2017). *Arbeitsmarkt im Überblick – Berichtsmonat März 2017.* Zugriff am 14.04.2017. Verfügbar unter *https://statistik.arbeitsagentur.de/Navigation/Statistik/Statistik-nach-Regionen/BA-Gebietsstruktur/Bayern/Muenchen-Nav.html*

Lichtner, C. (2016). *Pressemitteilung. Kaufkraft in Deutschland steigt 2017 um 1,7 Prozent.* Zugriff am 13.04.2017. Verfügbar unter http://www.gfk.com/de/insights/press-release/kaufkraft-deutschland-2017/

Statistisches Amt München (2017a). *Die Bevölkerungspyramide.* Zugriff am 14.04.2017. Verfügbar unter https://www.muenchen.de/rathaus/Stadtinfos/Statistik/Bev-lkerung/Bev-lkerungsbestand.html

Statistisches Amt München (2017b). *Die Bevölrkerung in den Stadtbezirken nach der Einwohnerdichte am 31.12.2016.* Zugriff am 15.04.2017. Verfügbar unter https://www.muenchen.de/rathaus/Stadtinfos/Statistik/Bev-lkerung/Bev-lkerungsbestand.html

5 Abbildungs- und Tabellenverzeichnis

5.1 Abbildungsverzeichnis

5.2 Tabellenverzeichnis